GNIK

ZEP

titeuf
6

tchô, monde cruel

Glénat

Titeuf sur Internet
www.internity.com/zep

Dépôt légal : Août 1997
imprimé en France en juin 2000

Imprimé en France sur papier sans chlore
de SCA Paper par *Partenaires-Livres*® / cl

KEN ET BARBIE
...
JE PEUX TE LAISSER TITEUF CET APRÈS-MIDI ?.. JE VAIS CHEZ LE COIFFEUR
BIEN SÛR !

TITEUF, JE TE PRÉSENTE CORALIE.
CORALIE, VOICI UN PETIT COPAIN POUR JOUER.
PFFF
TEMO

ON VA JOUER À "KEN INVITE BARBIE AU BAL" !
TU FAIS KEN.
GÉNIAL.

C'EST QUOI, CE NAZE ?! IL A PAS DE CUIRASSE CLOUTÉE !! MÊME PÔ UN PETIT PISTOLET-LASER !!

IL A PAS BESOIN DE PISTOLET-LASER ! IL DOIT DIRE "OH COMME VOUS ÊTES BELLE, BARBIE !" ET PIS L'EMMENER EN VOITURE !
AH OUAIS ?

BEN AUJOURD'HUI, ILS VONT PÔ AU BAL !
KEN ET BARBIE, ILS FONT L'AMOUR !
VOILÀ
OH OUI ! OH OUI !

OUIN
QU'EST-CE QUI SE PASSE ?

C'EST TITEUF -SNUF- IL VEUT JOUER À FAIRE L'AMOUR !
BEUH
N-NON

ZMAK

?
J'VOUS PRÉVIENS TOUT DE SUITE... SI VOUS ME FAITES UNE PETITE SOEUR ...
JE FUGUE !

Z.

LE PIÈGE DIABOLIQUE

LÀ ! UNE MÉGA-BELLE !
TOP GIGA !
MINUTE

... APRÈS, ON LA POSE SUR LE PAILLASSON ET ON FOUT LE FEU AU JOURNAL ... LE TYPE, IL OUVRE LA PORTE ET IL TAPE SUR LE JOURNAL POUR L'ÉTEINDRE ET IL EN A PLEIN LES PIEDS !
WOUHAHA !

CONCIERGE
ÇA VA ÊTRE UN MASSACRE !
PFFFRT JE SONNE ...
DRIN
MINUTE

CONCIERGE
PFOUHAHA ! LA TRONCHE DU TYPE !!
HI ! HI ! HI !

CONCIERGE
MAIS ? MAIS ?... Y'A PERSONNE !!
L'IMMEUBLE VA BRÛLER !!!

CONCIERGE
SPROTCH
PROTCH
SPROTCH
SPROTCH
SPROTCH

CONCIERGE
ALORS QUOI ?! ON PEUT PAS PRENDRE SON BAIN EN PAIX !?!?

C'EST VRAIMENT PÔ DRÔLE !!

LA MENACE PAUVRE
SALUT MAM...?
QU'EST-CE QUE TU FAIS ?
PUZZLE 500

JE TRIE TES VIEUX JOUETS POUR LES DONNER AUX ENFANTS PAUVRES ...
PLUNK

M.. MAIS... POURQUOI ?! J'LEUR AI RIEN FAIT AUX ENFANTS PAUVRES, MOI ?!?
TITEUF ! CE SONT DES JOUETS QUE TU N'UTILISES PLUS !
EUX, ILS JOUENT AVEC DES BOUTS DE FICELLE ...

SI ! SI ! JE LES UTILISE !
VROUM ! VROUM !

TITEUF ! JE VEUX QUE TU APPRENNES À PARTAGER AVEC CEUX QUI N'ONT RIEN.
MAIS SI, ILS ONT DES BOUTS DE FICELLE
ÇA SUFFIT !

ATTENDS ! J'AI UNE IDÉE ! JE PARTAGE ! JE GARDE LES VIEUX JOUETS TOUT ABÎMÉS ET JE LEUR DONNE MES SUPER-BEAUX LIVRES D'ÉCOLE !
ÇA... EFFECTI-VEMENT...
... TES LIVRES SONT COMME NEUFS !

ALLEZ... ÇA FERA DES PETITS HEUREUX... ET IL T'EN RESTE TOUJOURS BIEN ASSEZ
NAAAAN !

TA MÈRE A AUSSI FAIT LE RAMASSAGE ?
OUAIS.
C'EST PÔ JUSTE !
SKULL

?
J'AI PAS PU ALLÉ À L'ÉCOLE
merci
M'EN FOUS... QUAND JE SERAI GRAND, JE FERAI PAUVRE ET J'AURAI PLEIN DE JOUETS !
VOILÀ !
... ET EN PLUS, T'AS MÊME PAS D'ÉCOLE ! C'EST VRAIMENT DÉGUEU !

LE SENS DE L'HUMOUR

HÉ TITEUF... JE TE MONTRE UN TRUC !
OUAF !
KLIK

?

R'GA'D' MMMMMM

WAAAAAH !! EXCELLENT ! Y'A QUELQU'UN SOUS TON PULL !!

MAIS NON... T'ES VRAIMENT NUL..., JE FAIS JUSTE LE TOUR AVEC MES BRAS !!

BEN OUAIS...
J'AVAIS COMPRIS ...

HÉ NADIA !! OUAFOUAF ! JE TE MONTRE UN SUPER TRUC !!
WAH HA HA !

TU VAS VOIR... C'EST MARRANT !
MMMMM
HÉ !

ÇA VA PAS !!? TU ME PRENDS POUR QUI ?!!
BAS LES PATTES !!

NAN, MAIS ATTENDS... C'EST UN TRUC RIGOLO.. JE DOIS FAIRE LE TOUR AVEC MES BRAS ...ÇA MARCHAIT AVEC HUGO, MAIS TOI, T'ES TROP LARGE ...
QUOI ?!

...BEN, LES FILLES, ELLES COMPRENNENT RIEN AU SENS DE L'HUMOUR.

LA FIN DU MONDE EST POUR LUNDI

BENOÎT, IL EST TEMOIN DE JÉHOVAH ...

C'EST À CAUSE DE SON PÈRE, C'EST PÔ UN NUL, IL SAIT LA DATE DE LA FIN DU MONDE ...
ELLE EST PROCHE.
LA VACHE ! C'EST BIENTÔT !!

SON TRAVAIL, C'EST ALLER SONNER CHEZ LES GENS POUR LES PRÉVENIR ...

IL PARAIT QUE C'EST UNE SECTE ... MAIS BENOÎT, IL EST JAMAIS PASSÉ À LA TÉLÉ ...
RAYMOND, VOUS ÊTES RESCAPÉ DE LA SECTE DU CONCOMBRE SACRÉ ... AVIEZ-VOUS SUBI DES ABUS SEXUELS ?
C'ÉTAIT COURANT, OUI ...
VOUS ÉTIEZ PRIVÉ DE TOUT.

POURTANT BENOÎT AUSSI, IL EST PRIVÉ DE TOUT ... IL A PAS LE DROIT DE PARTICIPER AUX FÊTES OU AUX ANNIVERSAIRES ...
TU VEUX UN BOUT ?
NON. TOUTES FAÇONS, J'AIME PAS LE LAPIN EN CHOCOLAT.
TU PRÉFÈRES LE ZÉBU SEXUEL ? OUAF

... PÔ MÊME À MARDI GRAS.
TOI NON PLUS, TU T'ES PAS DÉGUISÉ ?!
FI ! VE ME FUIS DÉGUIVÉ EN TÉMOIN DE VÉHOVAH !!

ÇA DOIT ÊTRE NUL D'ÊTRE JÉHOVAH ... TU PEUX RIEN FAIRE, MÊME PÔ ALLER AUX BOUMS ...
M'EN FOUS, J'IRAI AU PARADIS ET PAS VOUS !
TOC !
phoque oeuf

ET PUIS, LUNDI, VOUS AVEZ LE VACCIN ET MOI PAS ...
QUOI ?!
MAIS C'EST DÉGUEULASSE !!
... J'AI PAS LE DROIT !
EH OUI.

OUI !! Y'A MON PAPA QU'EST TRÈS INTERESSÉ !!! IL VEUT QU'ON DEVIENNE TÉMOINS DE LA JAVAH !!!
... D'ICI LUNDI, C'EST POSSIBLE ?
?

2.

LES DESSOUS-CHOC
LES GARÇONS ATTRAPENT LES FILLES !
HI ! HI ! HI !
PFFF

LÂCHE-MOI !! ÇA DÉFORME LES HABITS !
... MAIS QUEL NAZE !!

ZBAK
BUMP

QU'EST-CE QUE ...? BUEÊÊÊÊÊH !!
RENDS-MOI ÇA, DÉBILE !

HÉ ! LES MECS ! J'AI UN SOUTIF !!
VENEZ TOUS !

ELLES METTENT LEURS NÉNÉS DEDANS ...
C'EST VRAIMENT DES DÉGUEU-LASSES !
F'EST UN FFOUFTIFF !
POURQUOI C'EST ÉLASTIQUE ?
SI TU LES PELOTES, COMME ÇA, ÇA REPREND LA FORME.

HÉ MANU, IL TE VA BIEN !
VOUS POUVEZ MÊME ÊTRE DEUX !
OUAF !

ET MOI ? COMMENT VOUS ME TROUVEZ ?...
OUAF
OUARK
ARF
OUAF

ZLAK

EH BIEN, TITEUF... TU NE FAIS PAS DE BISOU À TATA HUGUETTE ?
M'APPROCHE PÔ !!!

LE NOUVEAU CARTABLE
C'EST UN BEAU CADEAU QU'IL T'A FAIT, MANU... ALLEZ, BONNE JOURNÉE...
TCHÔ !

QU'EST-CE QUE JE VOIS LÀ ?
... UN NAIN-À-POIGNÉE !
URK ! URK !

VACHEMENT PRATIQUE, CETTE CHIURE PORTABLE !
'CHIURE PORTABLE' URKURK

J'AI COMPRIS ! C'EST LE GNOME-BALL... ON DOIT SE FAIRE DES PASSES !
OUPS ! RATÉ... URK URK
ZBAM

...OU BIEN ON DOIT LE TOURNER TRÈS VITE ET IL ENTRE DANS L'HYPER-ESPACE...
URK URK
ZOUF
ZOUF
ZOUF

GÉNIAL ! IL CHANGE DE COULEUR !! C'EST VRAIMENT LE TOP-GADGET !
URK ! URK

SALUT ! À BIENTÔT !
COOL, TON CARTABLE !

HAPPY BEURZDAY TOU YOUUUUU
VE CROYAIS M'ÊTRE DÉBARRAFFÉ DE FE TRUC EN L'OFFRANT À MANU...

Z.

L'HOMME QUI VALAIT 3 CENTIMES

BON... ON LE FAIT, CE MATCH DE FOOT ?
BEN NON... MON COPAIN HARIM PEUT PÔ JOUER...
POURQUOI ?
OUAK !
UNE JAMBE BIONIQUE !!
C'EST À CAUSE DE SA JAMBE ...

T'AS DES SUPERPOUVOIRS ?
TU PEUX SAUTER D'UN IMMEUBLE !?
T'AS UN ORDINATEUR INTEGRÉ ?
UN ACCÉLÉRATEUR TURBO ?
UN LANCE-FLAMMES ?
BEN NON.

MAIS J'ARRIVE À MARCHER... ... DOUCEMENT
AH ?
CLOP CLOP CROUIII CLOP

MAIS ALORS, HEU... ÇA SERT À QUOI, CE TRUC ?
C'EST POUR REMPLACER MA JAMBE, JE L'AI PERDUE SUR UNE MINE.

HEU... SI TU VEUX, JE VAIS CHERCHER MA LAMPE DE POCHE, ON VA DANS LA MINE ET ON TE LA RETROUVE, TA JAMBE !
... ET ILS TE LA RECOUSENT !
C'EST IMPOSSIBLE.

VOUS AVEZ RIEN COMPRIS ! UNE MINE, C'EST PAS ÇA... C'EST COMME UN COUVERCLE DE CONFITURE OU UNE FLEUR EN PLASTIQUE... TU MARCHES DESSUS ET BOUM ! ÇA TE PÈTE À LA GUEULE !
OUAK !

BEUH... C'EST PÔ DE CHANCE D'AVOIR MIS LE PIED DESSUS ...
PFUH ! DANS MON PAYS, ELLES TRAÎNENT PARTOUT !
Y'EN A DES MILLIERS ...

T'AS PORTÉ PLAINTE, AU MOINS ?
.. CONTRE L'ARMÉE ?
PFFF
CLIP CLOP
CLUNK

ET POURQUOI ILS NE LES RANGENT PAS, CES MINES ?
ÇA COÛTE TROP CHER... IL PARAÎT
C'EST PÔ JUSTE !
BON... ON VA PRENDRE LE GOÛTER ...

?
?
NAN ! JE RANGERAI PÔ MA CHAMBRE TANT QU'ON A PAS RANGÉ LE PAYS D'HARIM !!!
NA !
RIEN À FAIRE !

Z.

PIERCING

LA SOEUR À VOMITO ELLE S'EST FAIT UN PIERCING AU NOMBRIL ...
CASSEZ-VOUS LES P'TITS !

LA FILLE DU CONCIERGE, UN AU NEZ ...
MAIS ? ET POUR SE MOUCHER ?!?
T'ATTENDS QUE ÇA SÈCHE ET APRÈS, TU GRATTES ...

UNE NANA DES 3e S'EN EST FAIT UN À LA PAUPIÈRE ET UN À LA LANGUE ...
T'AURAIS VU LA TRONSSSHE À MON PÈRE !

LA COUSINE À MARCO, UN AILLEURS ...
SI ! JE L'AI VU !
C'EST DES CONNERIES !
OÙ ? OÙ ?
BÊÊÊÊ

UN TYPE AU SUPERMARCHÉ EN AVAIT PLEIN LA FIGURE ...
TCHEU ! LUI, IL DOIT COULER À LA PISCINE !!
SA MÈRE C'EST ROBOCOP !
OUAF

MAIS JEAN-CLAUDE C'EST LE PLUS FORT,.. IL S'EST FAIT UN PIERCING AUX DENTS.
PFFÔFFV' TFYPFES !!

LE TOBOGGAN DE LA MORT

BANZAÏ!

YAAAAA

WAOOW

TROP MORTEL !!!
ON Y RETOURNE ???
OUAIS...

...'FAUT AVOIR UN PEU DE PATIENCE
GLP

Y'A QU'À ÊTRE UN PEU FUTÉ...
R'GA'D' ...

SALUT JEAN-CLAUDE ! HA ! HA !
!!?

TCHÔ, HUGO !
HEIN ?!

NON ! BAISSE-T...
OUCH
ZKRONTS

HÉ ! VOUS AVEZ DÉJÀ ESSAYÉ LE NOUVEAU TOBOGGAN ? 'PARAÎT QU'IL EST MÉGAMORTEL !!..
OVERMÉGAMORTEL ...
Z.

ON LINE OU PAS
YAHOOO
BANZAÏ !

J'VEUX DES ROLLERS ON LINE !!
D'ABORD, ON NE DIT PAS "JE VEUX". ENSUITE, IL EST HORS DE QUESTION DE FAIRE DES DÉPENSES INCONSIDÉRÉES ...
ON-LINE
MAXI-INFO

... MAIS, SI TU VEUX, TU PEUX AVOIR MES VIEUX PATINS À ROULETTES ..

TON PÈRE A TROUVÉ UN BOULOT D'ANTIQUAIRE ?!
C'EST LES ROLLERS À TOUTANKAMION ?
CASSEZ-VOUS !
NULS DU ZIZI !
PFFT
OUAF

Y'A TITEUF QUI LABOURE LE PRÉAU !
T'AS OUBLIÉ DE METTRE L'HUILE DE TRICÉRATOPS
KRRR KRR KRRR

WAAAAF ! C'EST HOLIDAY ON JURASSIC !
FAIS GAFFE AU MUR DU SON !
OUAF
PFRT
ZBAM

J'VEUX UNE KALACHNIKOV POUR BUTER TOUS CES NAZEBROQUES !!
HUM ..

... MON VIEUX FUSIL À BOUCHON ...

Z. & DUPLAN

L'EAU À LA BOUCHE

DES FOIS, JE DOIS MONTER EN ASCENSEUR AVEC MONSIEUR CHAMPION ET SON BOXER, TERMINATOR ...

C'EST DÉGUEULASSE ! IL BAVE PARTOUT !!
C'EST PAS SA FAUTE ...
IL EST OBLIGÉ.

... C'EST SON SEUL MOYEN POUR ÉLIMINER LA SUEUR.
QUOI !? IL TRANSPIRE DES PIEDS PAR LA BOUCHE !?
HORRIB' !

... UN PEU COMME SI TU BAVAIS DU JUS DE CHAUSSETTE.
LE SUPPLICE !
?
SNFF

DEPUIS QUE JE SAIS ÇA, IL ME FAIT PITIÉ ...
LE PÔV' ...
ON DOIT POUVOIR FAIRE QUELQUE CHOSE ...

... JE LUI AI DONNÉ UN PEU DE LESSIVE.
SUSUCRE ...
APRÈS, TU TRANSPIRERAS UNE BONNE ODEUR DE FRAÎCHEUR PRINTANIÈRE ET D'ENZYMES DÉTACHANTS.
?
SLRRP

RÂÂÂÂÂH, TERMINATOR !
BURP

M. CHAMPION A CRU QU'IL AVAIT LA RAGE,.. IL L'A FAIT PIQUER.

LES MERCREDIS NATURE
LES ENFANTS, NOUS ALLONS OUVRIR GRANDS NOS YEUX ET, ENSEMBLE, DÉCOUVRIR LES MERVEILLES DE LA FORÊT.
OUA

SE LEVER À SIX HEURES UN JOUR SANS ÉCOLE !!! ELLES VONT PÔ S'EN ALLER, LES MERVEILLES DE LA FORÊT !
ON SUIT, DERRIÈRE ...
BEN... PEUT-ÊTRE ?

OOOOH REGARDEZ ! DES CROTTES DE FOUINE !!
ON A DE LA CHANCE !
PFFF

J'AI COMPRIS, MAINTENANT... 'FAUT SE LEVER TÔT POUR PASSER AVANT LES ÉBOUEURS !
APPRENEZ À OBSERVER ET... ON SUIT, DERRIÈRE !
AH ?

M'SIEUR ! DES TRACES !!
AH ?! TRÈS BIEN... BRAVO !

REGARDEZ ! UNE EMPREINTE DE MOTO-CROSS !
ÇA DOIT ÊTRE UNE 750...

ÇA N'EST PAS DU TOUT INTÉRESSANT, ÇA !!
OUAIS, BEN ÇA VAUT LARGEMENT VOS CACAS DE CHIEN !
BIEN DIT.

ON EST VENUS POUR OBSERVER LA NATURE !
ON POUSSE UN BUISSON ET ON OUVRE...

... L'OEIL !?
GROIINKK.

GROOINK
TOUGOUDOUGOUDOUGOUDOUM

WAAAA ! C'ÉTAIT GÉNIAL, M'SIEUR ! J'ESPÈRE QUE ÇA SERA AUSSI BIEN MERCREDI PROCHAIN !
BEUH ! J'AVAIS PARIÉ SUR LE SANGLIER ...
REUH
REUH

Z.

MAC CHAMPION
T'AS PRIS QUE DES FRITES, VOMITO ?
PFUH... LE RESTE, C'EST QUE DU CHIMIQUE !
MAIS NON, C'EST DU BOEUF...
SUGGESTIONS
... DU BOEUF CHIMIQUE, OUAIS...
HUM... T'AS L'HEURE ?
OUI... IL EST EXAC... !!?
OUARF ARK OUAK WAF
FRRT
? TU LE BOUFFES COMMENT, TON MÉGAMAC ?!
BEN... TRANCHE PAR TRANCHE ...
CROUMF
OUHAHAHA ! LES P'TITS ZIZIS !!
ÇA SE MANGE PÔ COMME ÇA !
AH OUAIS ? PARCE QUE TOI, T'ARRIVES À LE METTRE ENTIER DANS LA BOUCHE, PEUT-ÊTRE !?
PFFT
ALORS LÀ, C'EST QUAND TU VEUX...
HA ! HA ! CHICHE ! MON DESSERT SI TU Y ARRIVES !
PLACE AU KING DU MÉGAMAC ! ROULEMENT DE TAMBOUR !!
PFFF TSSS
'ÉUSSI !
'A 'OUS É'ATE !!
OUAIS... MAIS ÇA, C'EST RIEN... 'FAUT RÉUSSIR À MORDRE DEDANS !
OUAIS
ARGN
SPRROUTCH
OK... T'AS GAGNÉ ... JE TE FILE MÊME L'EMBALLAGE DU DESSERT !
... ET LA BOÎTE DE SERVIETTES !
AGN
G

F.C. PAPA
LE FOOT, C'EST PÉNIBLE...
'TENTION!
PASSE!
COURS TITEUF!
FANVEMENT!

'FAUT ÊTRE SOLIDE...
SHOOTE!
BUNT
SUPER LA TÊTE, TITEUF!

... PÔ QUITTER LE BALLON DES YEUX...
ATTEN...
PLAF!

MAIS LE PIRE, C'EST LES PAPAS...
COURS
TAPE CETTE BALLE!
COURS, FEIGNANT!
HORS JEU!
PENO!
FANVEMENT!

VOTRE FILS, IL EST HORS-JEU...
QUOI?
ÉVIDEMMENT, AVEC LES PASSES QUE LUI FAIT LE VÔTRE!
ET VOTRE AILIER... IL FAIT N'IMPORTE QUOI...
IL A POUSSÉ LE MIEN
C'EST MON FILS
PAS DU TOUT... IL ÉTAIT DANS

REGARDEZ! C'EST TITEUF QUI ATTAQUE!!
MON FILS!
PFFF

VAS-Y, FISTON! COURS! COURS!
OUAIS PFF OUAIS

TI-TEUF! TI-TEUF! OOOOOOOH!
SPLATCH

PENALTY!
CARTON JAUN
QUOI?
PAS DU TOUT... IL EST TOMBÉ TOUT SEUL!
VOUS TRICHEZ! COMME VOTRE FILS!
ALLEZ JOUER AUX BILLES!!
TRICHEUR VOUS-MÊ
ET LA BOXE, VOUS CONNAISSEZ?
PLAF! AÏE
TONK

ALORS?... CE MATCH... VOUS VOUS ÊTES BIEN BATTUS?
BEN...
2.

SPLOUTCH
HÉ HÉ
HU HU
R'GAD' CELUI-LÀ ...
ATTENDS ...
VAS-Y VAS-Y !
'TENTION ...

FLOUTCH
HOP !
OUAF !!
LA TRONCHE !

LA MÉMÈRE ...
BANZAÏ !
OUARF !
FLOUSH

GÉNIAL, LA PRÉCISION DE CE PISTOLET À EAU !!
OUARF !

MATE LE TYPE QUI S'ALLUME UNE CLOPE ...

PAN !
FLATCH

AÏE ! IL NOUS A REPÉRÉS !
TIRONS-NOUS !

PÔ DE PANIQUE !
... UNE PETITE DOUCHE, ÇA VA LE CALMER
PSCHIII
PSCHIII
PSCHII
HI HI

FAIS GAFFE ! VOILÀ LE PREMIER QUI RAPPLIQUE !
HI ! HI ! DOSE MAXIMUM.

HEU...
SPLOUIT

Z'AVEZ LE MÊME ?
... AVEC UN RÉSERVOIR DE 100 LITRES ?
DRAGZ

LA DEMI-SOEUR

R'GA'D' MARCO ...
IL NOUS RAMÈNE SA FIANCÉE ?
OUAF

C'EST QUOI, CETTE CHIURE ?
C'EST MA DEMI-SOEUR
IL EN MANQUE UN BOUT ?
ET TOI, T'ES SON DOUBLE-FRÈRE ?

NAN ! C'EST PARCE QUE C'EST LA FILLE QUE MON PÈRE A EUE AVEC SA MAÎTRESSE...
QUOI ?! IL EST ENCORE À L'ÉCOLE ?

C'EST PAS PAREIL ... IL S'EST MARIÉ AVEC.
OUARK ! HORRIB'

ALORS, COMME C'EST SA DEUXIÈME FEMME,.. ELLE, C'EST MA DEMI-SOEUR.
TU PIGES ?
AH ?
BIEN SÛR ... PARCE QUE C'ÉTAIT UNE MAÎTRESSE DE MATHS !

PAPA,.. TU POURRAIS ENCORE AVOIR UNE MAÎTRESSE, À TON ÂGE, TOI ?

NAN ! MAIS JE DEMANDAIS ÇA PARCE QUE, AU CAS OÙ VOUS POUVIEZ PLUS FAIRE DE PETIT FRÈRE AVEC MAMAN !!

M'EN FOUS D'ABORD !
MAMAN, ELLE SE REMARIERA DIX FOIS ET J'AURAI UN DÉCI-FRÈRE !
... 'PIS JE LE RANGERAI DANS MA BOÎTE À JOUETS !
CRIC
CLAC

GASTRO-NOMIE

...ET ÇA ?...émincé aux saveurs printanières... ÇA A L'AIR COOL...
...LES SAVEURS PRINTANIÈRES, C'EST LE TRUC VERT ?

PRENDS TOUT CE QU'IL Y A DANS LE FRIGO ...
BON... ALORS... blanchir les légumes... !?
'FAUT DU TIPPEX ?!
BEU...
... ON LAISSE TOMBER LES LÉGUMES.

faire revenir les oignons... !??
ILS SONT PÔ PARTIS !! C'EST MAL EXPLIQUÉ !!
DIS... APRÈS, JE FAIS QUOI AVEC LE PERSIL ?...JE L'AVALE ?
CHOMP
CHUMP

QU'EST-CE QUE TU FOUS ?! C'ÉTAIT "HACHER LE PERSIL" PAS MÂCHER !!
CH'EST TA FAUTE, TU PRONONCHES MAL...
CHUMP
MIUCH
FRCHHHH...

BEN... ÇA Y EST... J'ARRIVE À FAIRE REVENIR LES OIGNONS.
GRATT
GRATT

ajouter la viande ...
LA VIANDE ? HEU ... Y'EN A PAS.

ON A QU'À METTRE DU SALAMI... C'EST DE LA VIANDE !
" assaisonner " ... JE RAJOUTE DES CHIPS AU PIMENT !
FRRR

Y'A UNE DRÔLE D'ODEUR ...
C'EST LA SAVEUR PRINTANIÈRE...
FRCHHH

KEURG
KEURGG
OUARK
KOFFFF
EUAARGG

HÉ, LES FILLES ! ON A EU UNE MEILLEURE IDÉE ! À LA PLACE DU DÎNER, ÇA VOUS DIRAIT UNE VIDÉO AVEC DU POPCORN...
...AUX SAVEURS PRINTANIÈRES ?

CHIPPENDALE
TOODOUUU
TAAAAM
DOU DOU
DOU DOU
CLIP
CLIP
DOUDIDOU
WOOOP
VOUSH
VOUSH
VOUSH
TADAAAM
TSAAAM
VISITE MÉDICALE
TADA..GLP
TAP TAP TAP TAP TAP
'SUIVANT!!
BEN... LE COUP DU CHARME TORRIDE, ÇA A PÔ MARCHÉ DU TOUT AVEC LA GROSSE VACHE !!

LE BON ÉLÈVE
PSST... FRANÇOIS... J'AI UN SECRET...
MH?

TAP
TAP
tchô!

ZNUK
tchô!

Y'A TITEUF QUI REGARDE PAR-DESSUS LE MUR DES TOILEEETTES!
OUAF

À TOI! CRUNCH GLOUP URK LE GERBOSANDWICH DE LA MORT... CHOCOLAT AUX NOISETTES-GRUYÈRE-MIEL!
BWWRK
PAS POUR LES LOPETTES...
CHIARD-T'OSES-PÔ!

ALLÔ HOUSTON? DÉCOLLAGE DE LA NAVETTE ORBITALE...
HI! HI! HI!
FCHHH

ATTENTION! 5.... 4.... 3.... ...2.... 1....
FCHHH

PTAW

ALORS TITEUF, J'ESPÈRE QUE TU T'ES BIEN PRÉPARÉ...
interrogation orale : les cinq sens
PFFFUT! MÉGAFACILE... J'AI RÉVISÉ TOUT L'APRÈS-MIDI...

Z.

MANU-TATOO
WAAAAA !..

LES TATOUAGES, C'EST VRAIMENT LA SUPERCLASSE !!
... IL PARAÎT QUE ÇA FAIT SUPERMAL !

ÇA ME FAIT PÔ PEUR !
JE SERRERAI LES DENTS !
TU PEUX AUSSI LE FAIRE AU MARKER... COMME ÇA, Y'A PAS BESOIN DE SERRER LES DENTS...

GÉNIAL ! ÇA VA ÊTRE SUPERKILL !!
BOUGE PÔ...

HÉ ! MAIS ?!? ...
QU'EST-CE QUE T'AS FAIT ?!? UNE FLEUR !!
JE SAIS FAIRE QUE LES FLEURS ...

T'ES MALADE ?!? J'AI L'AIR D'UN NAZE AVEC UNE FLEUR !
ELLES SONT TRÈS JOLIES, MES FLEURS ...
C'EST MA MÉMÉ QUI L'A DIT !

AÏE ! AÏE ! ÇA PART PÔ !!
BEN NON... C'EST ÉCRIT "TOP SPÉCIAL INDÉLÉBILE"
FROTT
FROTT

'FAUT QUE JE TROUVE UN PRODUIT !!
PEUT-ÊTRE QU'EN MÉLANGEANT DU 'WHITE SPIRIT' ET DU 'DÉCAP' FOUR' ?

WWAAAAAAÏE ! ÇA BRÛLE !
OUI, MAIS ÇA PART..

TCHEU ! LA PEAU AUSSI, ELLE PART ! ...
AÏE
AÏE
HEU

WAAAAA LE LOOK SUPERKILL ! TU T'ES FAIT QUOI ?
?
UN TATOUAGE ! ... "FUCK MANU" !!
Z.

PROTEST LIVRET

NON AUX
STOP
UNE SIGNATURE, MONSIEUR ?
GRMBL

... POUR LE DROIT AUX CHIENS DE FAIRE LEURS BESOINS !
ASSOCIATION free-crott
signez la pétition

POUR LES DROITS DE L'HOMME...
POU' LES D'OITS DE L'HOMME, MADAME...

SIGNEZ POUR UNE PLANÈTE PROPRE...
café

POUR UN MONDE PLUS JUSTE...
JE PEUX GARDER LE STYLO ?
Slimod

VOUS AIMEZ LES JEUNES ?

HEU... SIGNE ICI POUR UN MONDE PLUS COOL ENVERS LES ZÉROS DE CONDUITE...

TU DEVRAIS AVOIR HONTE D'ÊTRE PÔ PLUS ENGAGÉ !
CLIC
CLAC

SAFE GOÛTER

?
QU'EST-CE QUE C'EST ?
ILS ONT INSTALLÉ UN DISTRIBUTEUR DE PRÉSERVATIFS !
OUAF
J'EN VEUX AUSSI ...
TU FSAIS MÊME PAS C'QUE F'EST !
C'EST TOUT PLAT.
NAN, MAIS APRÈS TU LE DÉROULES SUR UNE BANANE.
J'AI VU LA PUB

SI ! JE SAIS CE QUE C'EST ! ÇA SERT À QUE T'ATTRAPES PÔ DES MALADIES COMME HEU... PAR EXEMPLE ... HEU...
DES BÉBÉS !
... OU UNE INDIGESTION DE BANANE ...
PFF

ET VOUS ALLEZ EN FAIRE QUOI ?
BEN ... C'EST AU CAS OÙ ON EST AMOUREUX ...
J'AURAI PAS LE SIDA DE LA TÊTE ...
COOL !

AMOUREUX ?
Z'ÊTES NULS, FA FE MET FUR LE VIVI !
OUAF COMME SI ON POUVAIT ATTRAPER LE SIDA DU ZIZI !
MON FRÈRE DIT QUE PLUS ON AIME UNE FILLE, PLUS IL FAUT EN PRÉVOIR ...

QUOI ?!
LAISSEZ-MOI LA PLACE !
IL EN RESTE ASSEZ, AU MOINS ?!

FAIS GAFFE ! TU VAS Y LAISSER TOUT TON ARGENT DE POCHE !
M'EN FOUS !

HEU... NADIA, TU VIENS PRENDRE LE GOÛTER CHEZ MOI, SAMEDI ?
J'AI 34 PRÉSERVATIFS !

ZBAFF

34 AU PRIX DE 12 !
BIEN SÛR... JE ME SUIS ... TROMPÉ ... HEU... DE TAILLE ...
BEN.. HEU... ILS SONT NEUFS, AU MOINS ?
Z. L DUSSEX

FRISSONS DANS LA NUIT

00:50

RRR
ZNK
ZNK
ZNK

ZNIK
ZNIK
ZNIK

KLIK

... EN RAISON DE LA CONJONCTURE, NOUS REMPLAÇONS L'ÉMISSION SEXY ZAP PAR LA REDIFFUSION DU DISCOURS PRÉSIDENTIEL SUR LA CRISE SYNDICALE DU...
GLL

T'EN FAIS UNE TÊTE, TITEUF... TU AS MAL DORMI ?
J'AI RÊVÉ QUE JE DEVENAIS TERRORISTE !
Z.

L'ABOMINAB' MORVAX

THOMAS, IL A TOUJOURS LE RHUME ... NOUS, ON L'APPELLE MORVAX.

SNURFLL

À LA CANTINE, PERSONNE NE VEUT MANGER À CÔTÉ DE LUI ...
JE PEUX M'ASSEOIR ?
NAN.
C'EST OCCUPÉ !
NAN.

... AVEC LES FILLES, C'EST PAREIL ...
VOUS DANSEZ ?
SNRF

Y'A DES FOIS OÙ C'EST PLUTÔT SEC ... ET ÇA FAIT DES MIETTES ...
EEEEEERK ! DES PELLICULES DE NEZ !!

... Y'A DES FOIS OÙ C'EST MOUILLÉ.
PFFF

À NOËL, ON S'EST COTISÉS ET ON LUI A OFFERT UN MOUCHOIR ...

PFRT
NGFFF

?

... IL A RIEN COMPRIS, IL A CRU QUE C'ÉTAIT UN FOULARD ...

JE PEUX M'ASSEOIR ?
NAN.
NAN.
NAN.
NAN.
Z.

LES PUNITIONS

LE PROF DE GYM, IL NOUS FAIT FAIRE DES POMPES...
... ET 3 DE PLUS POUR LA PUNAISE SUR LE BANC !
GN
GNN

LA MAÎTRESSE, ÉCRIRE CINQUANTE OU CENT FOIS UN TRUC...
"BOULES PUANTES", ÇA S'ÉCRIT COMMENT À L'IMPARFAIT ?
BEUH...

LE CONCIERGE NOUS FAIT NETTOYER LES PUPITRES...
PFFFF...
POUR UNE FOIS QUE J'AVAIS BIEN RÉUSSI LE DIRLO'...
C'EST DÉCOURAGEANT..
ET QUE ÇA BRILLE !
GNIK GNIK

... AVEC MME DUSS, C'EST LA CORVÉE DE LA CAISSE DU LAPIN...
BURK

LE PROF DE TRAVAUX MANUELS NOUS FAIT REPEINDRE DES PORTES...
'FAUT PAS QUE JE TACHE MES HABITS...
AUTREMENT, MA MÈRE VA ME PUNIR !
FLURCH

AVEC LA REMPLAÇANTE, ON DOIT METTRE UN POINT DANS CHAQUE CARRÉ D'UNE FEUILLE QUADRILLÉE...
C'EST UN PEU COMME LA BATAILLE NAVALE...
AVEC MOINS DE SUSPENSE
PIC PIC PIC PIC

... ILS ONT VRAIMENT PÔ D'IMAGINATION.
PERDU !! TU DOIS LÉCHER LE SLIP DE RAMON !!
OH NOOOON PAS ÇA... JE L'AI DÉJÀ EU...
... ALORS TU DOIS DANSER UN SLOW AVEC DUMBO !
des g
Z.

LA FAUCHE

UNE MINUTE, PETIT...

QU'EST-CE QUE TU AS SOUS TON T-SHIRT ?
SOUS MON T-SHI... ? ... RIEN, M'SIEUR
J'VOUS JURE...

ET CE JOUET ?! QU'EST-CE QUE C'EST ?!
BEUH, CHAIS PÔ... ON A DÛ ME LE GLISSER SANS QUE JE ME RENDE COMPTE ...HUM...

JE CROIS QUE JE VAIS ÊTRE OBLIGÉ D'APPELER LA POLICE...
NON M'SIEUR ! PITIÉ !!

J'AI PLUS D'ARGENT ... ON M'A VOLÉ MON PORTEMONNAIE ! ... M'SIEUR ...
HMF

MON PAPA EST À L'HÔPITAL, IL A LE CANCER DU SIDA ! MA MAMAN TRAVAILLE DANS UNE CENTRALE NUCLÉAIRE !!!
BEUH
MON POISSON ROUGE EST MORT
M'SIEUR
CE ROBOT, C'EST MON SEUL AMI !
OUIIN

BON -SNUF- ALLEZ.... FOUS-MOI LE CAMP AVEC ÇA !
MERCI, M'SIEUR ...

SCRATCH SCRATCH

ALORS TITEUF, ON JOUE À LA POUPÉE ?
HIN HIN LE BÉBÉ !
OUARF

HÉ ! M'SIEUR... J' PEUX L'ÉCHANGER CONTRE UNE CASQUETTE NIKE ?

TOP HONTE

...TU VAS ÊTRE MAGNIFIQUE.
NE BOUGE PAS, TITEUF...

MAIS, M'MAN... LE THÈME, C'ÉTAIT LES JEUX VIDÉO...!
ET ALORS?

TU SERAS LE PETIT MAGICIEN DES JEUX VIDÉO...
Y'EN A PÔ!

ENCORE LES JOUES, ET VOILÀ... QU'EST-CE QUI TE GÊNE DANS TON COSTUME?
C'EST UN COSTUME POUR LES FILLES!

TU TROUVES QU'IL RESSEMBLE À UNE FILLE?
PAS DU TOUT... PAS DU TOUT... TU EN AS DE LA CHANCE D'AVOIR UN BEAU COSTUME COMME ÇA...
SNIF

AMUSE-TOI BIEN, PETIT MAGICIEN!

PSSSST TITEUF!...

TOI AUSSI EN MAGICIEN?
BEN OUAIS...

ET ENCORE, ON A EU DU BOL... ÇA AURAIT PU ÊTRE EN 'PIERROT'...
...OU EN WINNIE L'OURSON!

WAF HÉ! LES TRONCHES!
OUAF
WOAH

VOUS VERREZ, SI UN JOUR VOTRE MAMAN S'ABONNE À 'COSTUMES & BRICOLAGES', C'EST PÔ RIGOLO!!
...ET LE PROCHAIN QUI SE MOQUE, ON LE TRANSFORME EN WINNIE L'OURSON!

LA CLASSE DE NEIGE

BON ... TOUT LE MONDE EST LÀ ... VOUS ALLEZ MONTER DANS LE TRAIN ...

... DANS LE CALME !!
WAOOOOOOH
POUSSEZ-VOUS !!
OUCH !

TCHÔ, LES FILLES !!
HI HI
OUAF
ON VOUS SURVEILLE ...
VOUS NOUS FAITES UNE PETITE PLACE ?
PFF
'SONT CONS

ON S'ASSIED, LE TRAIN VA PARTIR ...
RESTEZ TRANQUILLES ...

ASSIS !

HÉ ! IL NEIGE DÉJÀ, LES MECS !!
CHIPS
FAICH'

FAITES GAFFE À L'AVALANCHE !!
BUNK
TITEUF !!

ON FAIT UNE EXPÉRIENCE ?! 'PARAÎT QUE SI ON JETTE QUELQUE CHOSE PAR LA FENÊTRE, ÇA REVIENT PAR LA SUIVANTE ...
COOL !! ON ESSAYE !!
LA FENÊTRE !!

DENTIFRICE-LASER SPROUTCH !
MENTHOL MÉGA-DOSE !!
SPROUTCH
SPROUTCH

AAAR !
WAAAAH ! L'ABOMINAB' HOMME DES NEIGES !!!
ON ARRIVE !

DÉJÀ !? MAIS C'EST TROP COURT !!
ON A PÔ PU ESSAYER LE BROUILLARD ARTIFICIEL EN VIDANT LES CENDRIERS DANS LA VENTILATION !

LA CLASSE DE NEIGE 2

JE VIENS CHERCHER DU MATÉRIEL POUR MES ÉLÈVES ...
J'VEUX UN SURF ! J'VEUX UN SURF !
nidekkr
freestyler

TITEUF ! TAIS-TOI ! PUISQUE C'EST COMME ÇA, TU SERAS LE DERNIER SERVI !
MMM FIN DE SAISON... J'AI PLUS GRAND-CHOSE ...
NON

ENCORE UN ?... BON... 'FAUT QUE J'AILLE VOIR À LA CAVE ...

HÉ ! C'EST ROBOCOP !
PÔV' NAZES ...
CROUIII
CROUI
CROUIZZ
CROUII
OUHAHA
ARF

ON AVANCE... ON AVANCE... TOUT LE MONDE ATTEND EN HAUT...

VAS-Y ROBOCOP !
CLIC
DZZZZZ-Z

SCHLOUP

C'EST RIEN... IL FALLAIT LES SERRER UN PEU PLUS.
TAR-ZAN TAR-ZAN
OOIOOIOIO
OUAF
HA
HA
CRIC

C'EST PLUS PRUDENT QUE TITEUF RESTE AVEC MOI, AUJOURD'HUI... JE VOUS LAISSE PARTIR
QUOI ?
À CE SOIR ...

AAAH, L'AIR DE LA MONTAGNE ...
... ON VA PASSER UNE BELLE JOURNÉE

LE SOIR...
N'OUBLIEZ PAS DE RACONTER VOS EXPLOITS ...
papa, maman, venez me chercher tout de suite ! Je ferai mes devoirs, je rangerai ma chambre, je ferai la vaisselle, mais me laissez pô là !!! pitié
Z.

LA CLASSE DE NEIGE 3

'TENTION!
PRÊTS?
PRÊT

ZBAM

OUHAHA HARK!
VAINQUEUR PAR K.O.!

BLINK
RIPOSTE ATOMIQUE!!

ATTENDEZ QUE JE PRENNE DES MUNITIONS...

YAHOO!
ZBUNT

BONKK

ZBAM

HUGO CHAMPION!
OUAAAiiiiiS

J'AI GAGN.

...

NON... VOUS AVEZ DÛ MAL ENTENDRE... ILS DORMENT COMME DES PETITS ANGES ...
Z.

LA CLASSE DE NEIGE 4

POUR LES JOURNÉES DE SKI, ON A DES MONITEURS... Y'A RENÉ...
ON FLÉCHIT LE GENOU... TOUT LE POIDS SUR LE SKI EXTÉRIEUR ...

Y'A SOPHIE QUI A TOUJOURS DES IDÉES D'ANIMATIONS...
PAUSE-CLOPE, LES RASE-MOTTES ...
FAITES UN BONHOMME DE NEIGE.

... MAIS SURTOUT, Y'A BENOÎT !
ESCADRON, À DONF' !!
YAHOOO

AVEC LUI, ON SE MARRE TOUT LE TEMPS...
HOULÀ !! IL VA Y AVOIR UNE AVALANCHE !!

IL ARRÊTE PAS DE DÉCONNER...
QUELQU'UN A VU MA BOOT ?

EN PLUS, C'EST LE DIEU DU SURF...
BONK
HAHARK VOUS FAITES DES PROGRÈS !!

TOUT LE MONDE VEUT ALLER AVEC LUI
GROUPE SURF, AVEC BENOÎT
MOI !
MOI !
MOI !
MOI !
MOI !
MOI !

CE SOIR, C'EST LA BOUM DE FIN DE CAMP.
C'EST NUL, LES BOUMS ...
C'EST POUR LES FILLES ...
HIN
HIN
JUMP
MOOOVE

LES SLOWS !!
BENOÎT !
BENOÎT !
BENOÎT !
BENOÎT !

EN FAIT IL EST PÔ SI COOL...
BONJOUR TOUT LE MONDE !
PÔV'TYPE
Z.

LA CLASSE DE NEIGE 5

LES VOILÀ !
YOUHOU !!

ALORS ?
C'ÉTAIT MÉGAGÉNIAL ! HIER, J'AI FAIT UN DE CES SAUTS ! FSCHHIOUUW J'AI CRU QUE J'ATTERRIRAIS JAMAIS !

JE ME SUIS ÉCRASÉ ! TCHKRFFFTRRR AAARGH ! PRESQUE EU LA JAMBE ARRACHÉE !
ÇA, C'EST RIEN ...

... PAR RAPPORT À MOI ... À FOND SUR UNE PISTE NOIRE, ... PAS VU LA BOSSE ... J'AI DÉCOLLÉ D'AU MOINS ... VINGT MÈTRES !

T'AS À PEINE QUITTÉ LE SOL ET TU T'ES ÉCRASÉ COMME UNE CHAUSSETTE ... MAIS MOI JE ...

T'ES JALOUX PARCE QUE T'AS PAS FRÔLÉ LA MORT ET QUE T'AS PAS UN BLEU COMME ÇA !!
OUAIS MAIS MOI, ON A DÛ FAIRE DES POINTS DE SUTURE À MON PANTALON ... MOI !
... Z'AVEZ VU MON SPARADRAP ?

UN PÉRILLEUX RATÉ ... J'AI PRESQUE EU UNE COMMOTION !
UN PYLÔNE ... FRÔLÉ À - AU MOINS - CENT À L'HEURE !
LE TÉLÉCABINE M'EST PASSÉ À RAS-LA-TÊTE !
FAILLI ÊTRE PRIS DANS UNE AVALANCHE !
CRASH ! DANS UNE ... MÉMÉ !
MÉGA-COLLISION !
C'EST RIEN .. MOI JE ..

S'IL VOUS PLAÎT ! FAITES UN PEU DE PLACE !

J'AI GLISSÉ DANS LES ESCALIERS DES TOILETTES ...
FRIMEUR.

BANZAÏ
TAP
TAP
SCRITCH
CHOUMP
CHOUMP
MIACH
GAW
PLOTCH
CHOUMP
CHOMP
CHUMP
MIUCH
MACH
PTOW
PTOW
PTOW
PTOW
BON. JE RAMASSE LES COPIES...
!?!
CHOMP
"MANGE SON EXAMEN DE GÉOGRAPHIE" !?!?
HEU... ...Y'A JAMAIS ASSEZ À LA CANTINE...

LA KILL-BRAGUETTE

À LA RÉCRÉ, Y'A UN TRUC RIGOLO, C'EST PISSER SUR LE SOLEX DU CONCIERGE...
ATTENDEZ-MOI, LES MECS !!
À FORCE DE L'ARROSER, IL VA POUSSER !
OUAF
ZIP
PSSSS

JE VOUS FAIS LE PLEIN, MONSIEUR ?
OUHAHAHA !
PSSSS

PETITS DÉGUEULASSES !
'TENTION ! LE VOILÀ !
ZUT ! J'AI PÔ FINI !

CETTE FOIS, JE VOUS TIENS !
GROUILLE-TOI, TITEUF !
VOILÀ... GLPS !

'TENDEZ-MOI...
J'ARRIVE !

ET LÀ... DANS LE FEU DE L'ACTION, JE ME LA COINCE DANS LA BRAGUETTE !

TU FAIS MOINS LE MALIN, PISSEUX !
WAAAAÏE ! ÇA FAIT MAL !!

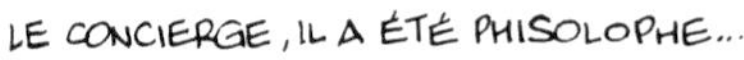
LE CONCIERGE, IL A ÉTÉ PHISOLOPHE...

AH ! AH ! TU ES BIEN PUNI !
... QUE ÇA TE SERVE DE LEÇON.
WAAAÏÏ
OUUUIE

... ÇA M'A SERVI DE LEÇON... JE PORTE PLUS QUE DES PANTALONS À BOUTONS...
ATTENTION ! VOILÀ LA DEUXIÈME COUCHE !
OUHAHAHARK !
PSSSS
PSSSS

AUX FRONTIÈRES DU RÉEL
À L'ÉCOLE, Y'A DES PHÉNOMÈNES PARANORMAUX...
... ET MÊME PÔ RANORMAUX DU TOUT.
GRATT GRATT

PAR EXEMPLE : COMMENT FAIT LA MAÎTRESSE POUR VOIR DANS SON DOS ??
TITEUF ! POSE ÇA !

... ET SI ELLE AVAIT UN RADAR MÉGA-SENSORIEL CACHÉ DANS LA TÊTE ??
... ET CAMOUFLÉ PAR UNE PERRUQUE EN URANIUM STABILISÉ...
MMM POSSIB'

AUTRE EXEMPLE : POURQUOI NOUS EMPÊCHE-T-ELLE DE REGARDER PAR LA FENÊTRE ??
TITEUF ! C'EST ICI QUE ÇA SE PASSE !!!

C'EST LOUCHE ! À MON AVIS, ELLE A PEUR QU'ON VOIE QUELQUE CHOSE... SÛREMENT UNE BASE DE SOUCOUPES VOLANTES DANS LE PRÉAU
HMMMM
VOUS VOUEZ AU FFOOT ?
LAISSE TRAVAILLER L'INSPECTEUR MULDER
... OU ON T'AUTOPSIE LE ZIZI !

ET POURQUOI LE CONCIERGE CHUCHOTTE-T-IL TOUT LE TEMPS TOUT SEUL ???
GRMBLLL SALES MÔMES GRMM MM CHEWING GUMS
JE PARIE QU'IL CAUSE AVEC LES EXTRA-TERRESTRES !

SI ÇA SE TROUVE C'EST UN ANDROÏDE, ET SON BALAI UNE ANTENNE-LASER INTERPLANÉTAIRE...
BGRMBLLCROUIII, ALLÔ ? ALLÔ ? VAISSEAU AMIRAL ... ILS SE DOUTENT DE QUELQUE CHOSE... ILS M'ONT TENDU UN PIÈGE-AU-CHEWING-GUM
GRMBLLCROUIII

...ET CES FEUILLES REMPLIES DE CHIFFRES MYSTÉRIEUX ??
... SÛREMENT DES MESSAGES CODÉS !
aujourd'hui test de maths

'FAUT PÔ QU'ILS AIENT CES RENSEIGNEMENTS ...
maths

PRIVÉ DE TÉLÉ !!
JE ME DEMANDE SI PAPA N'EST PAS DES LEURS ?? ...

LE SKATE C'EST NAZE

ROLROLROLROLROLROLROLROLROL

TAK

CRRRRRRRRRRRRRRRRRRRRR...

TCHAK
TAK

BUNT
TAK

GRMBL... HEU... JE PEUX JOUER AVEC VOUS ?
?
?
Z.

COMMENT SURVIVRE À L'ÉCOLE

DES FOIS, Y'A LE GRAND DIEGO QUI VIENT NOUS EMMERDER...
DIS 'PITIÉ'!
URK URK
PITIÉ!
PITIÉ!!
PITIÉ!!

JE... JE L'AI BIEN EU...
EN VÉRITÉ, J'AVAIS PÔ MAL DU TOUT...
OUIIIN

UN JOUR, JE SERAI PRÉSIDENT... ET JE LE CONDAMNERAI AUX TRAVAUX FORCÉS...
... OU L'ÉLECTROCUTER AVEC UNE PILE DANS MA POCHE...
... OU BIEN L'EMPOISONNER AVEC UN SANDWICH AU CACA DE CHIEN...
... LUI FAIRE BOIRE UN COCA AVEC LE SIDA DEDANS...
... CACHER UN PIT-BULL DANS SON SLIP, DANS LES VESTIAIRES...

... L'EMPALER SUR UN CRAYON BIEN TAILLÉ...
...LUI DONNER UN CHEWING-GUM QUE VOMITO A LÉCHÉ...

LE MEILLEUR TRUC, C'EST DE SE DIRE QUE C'EST UN PAUVRE TYPE!
TU PEUX ME CROIRE...
AH?
F'EST DE LA PFYCHOLOVIE.

PÔV'TYPE...
MÉGAPÔV'TYPE
HOU! LE PÔV'TYPE !!
OUAIS COOL!

PAUVRE TYPE.
MÉDAILLE D'OR DU PÔV'TYPE
ÇA MARCHE!

SALUT LES NAINS!
TCHÔ, PÔV'TYPE!

COMMENT?!
OUPS

VOUS AURIEZ PÔ UN AUTRE TRUC?... PARCE QUE LA PSYCHOLOGIE, HEU....
CHANGER DE VISAGE...
DÉMÉNAVER EN AUFTRALIE...

BOYCOTT
TCHÔ LES P'TITS GARS !
WAAAA LA CASQUETTE STARBURK !!
FRIMEUR.

BEN MOI, J'AURAIS HONTE D'AVOIR ACHETÉ UN TRUC COMME ÇA !
AH OUAIS ?! ET... POURQUOI ?

COMMENT ?! T'ES MÊME PÔ AU COURANT ?!
TU SAIS PAS COMMENT ON LES FABRIQUE TES CASQUETTES ?!
BEN... HEU... SI... EUH ENFIN...

ON CAPTURE DES P'TITS ENFANTS, ON LES ENFERME DANS DES CAVES ET ILS DOIVENT TRAVAILLER 24 HEURES PAR JOUR
... SI C'EST PAS PLUS
?

ILS SONT ENCHAÎNÉS, ET QUAND Y'EN A UN QUI FAIT UNE ERREUR, IL DOIT FINIR LES ASSIETTES D'ÉPINARDS DE TOUS LES AUTRES !
GLP
ARG

DES FOIS, ILS ARRIVENT À GLISSER UN MESSAGE DE S.O.S. DANS UNE CASQUETTE...
HEU... L.. LÀ ! "M..MADE IN TAÏWAN"
"MADE" C'EST UN MOT CHINOIS QUI VEUT DIRE UN TRUC STYLE "VENEZ ME DÉLIVRER"
ET TOI TU ENCOURAGES CE SYSTÈME HORRIB' AVEC TON ARGENT !
MOCHE
DÉGUEU'
HOUU

J'EN VEUX P'US ! JE REGRETTE ! JE SAVAIS PÔ !!!
OUIIN
FLOP

HÉ !?! T'AS PAS HONTE D'ENCOURAGER CE SYSTÈME HORRIB' !?
C'EST PÔ PAREIL ... J'AI RIEN ACHETÉ ...
... JE L'AI TROUVÉE PAR TERRE.

LE PARADIS PERDU

POUR SE MARRER AVEC LES COPAINS, Y'A UN TRUC INÉPUISABLE...
TU ME TIRES LE DOIGT, S'IL TE PLAÎT...?
?

PROUT

...ÇA MARCHE DANS PLEIN DE SITUATIONS...
LE SOUS-MARIN NUCLÉAIRE ATTAQUE !
OUARK!
AUX ABRIS !
PREFLBLL

Y'A LES BRUYANTS...
"LE RENARD, PAR L'ODEUR ALLÉCHÉ, LUI TINT À PEU PRÈS CE LANGAGE :
BRAFT!
OUPS

LES ANONYMES...
GUEULASSE...
QUI C'EST QU'A PÉTÉ ?!
M..MAIS C'EST PAS MOI !!
ÇA CHLINGUE !
EURK

LES TOXIQUES...
PUISQUE LE :KFF: RESPONSABLE NE VEUT PAS SE :URP: DÉNONCER...
... LE COURS DE :KFF: FRANÇAIS SE POURSUIT DANS LE PRÉAU

Y'A AUSSI LES DÉBATS SCIENTIFIQUES...
LES FILLES, ÇA PÈTE PAS.
SÛR.
...C'EST POUR ÇA QU'ELLES ENFLENT DES NICHONS !
AH BON ?

QUAND Y'A DU CASSOULET À LA CANTINE, C'EST L'ÉMEUTE...
DEUXIÈME SERVICE
MOI! ENCORE! ICI!
MOI !

... APRÈS, 'FAUT RÉUSSIR À PIÉGER QUELQU'UN DANS L'ASCENSEUR DE LA MORT.
BOM
BOM

... JE ME DEMANDE COMMENT ON S'AMUSE QUAND ON A UNE COPINE ?
... ÇA DOIT ÊTRE CHIANT.

LA MODE DU PLUS FORT

CRUNK

BAM

BRK

WAHAAA !
MÉGARIDICULES, LES POMPES DES FILLES, CETTE ANNÉE !
FA FE DIFCUTE

LA MANIF'

TOUT LE MONDE A SON BALLON ?!!
ÇA VA... ON EST PAS SOURDS...
BON... EN AVANT !

...AVEC MOI : SO-LI-DARITÉ ! SO... LI...
PFFF... C'EST NUL, CETTE MANIF' ! ON CHANTE DES CHANSONS DÉBILES... ET Y'A MÊME PÔ DE GAZ LACRYMOGÈNES
OUAIS

SO... LI... DARITÉ... SO...
QUI... C'EST... QU'A-PÉTÉ ?!! QUI... C'EST... QU'A-PÉTÉ ?!!
OUAF
CHUT.
ARK

RITÉ
ÇA SUFFIT ! VOUS ÊTES VRAIMENT NULS !.. ON EST LÀ POUR QUELQUE CHOSE DE SÉRIEUX !
GNA-GNA-GNA
C'EST-ELLE-QU'A-PÉTÉ ♫

HÉ ! PASSE-MOI TON BALLON... J'AI UNE IDÉE...
?

LI... DAR
...O... L
TU VAS VOIR... ON VA SE MARRER !
VOUS AVANCEZ ?

...DARITÉ
...LI... DAR
OUARK
OUAF
ARK
ARK

EN... ENLEVEZ-MOI ÇA TOUT DE SUITE !
WAF ! BEN QUOI ?! TA CULOTTE, ELLE A AUSSI LE DROIT DE MANIFESTER !!...
...POUR DES MEILLEURES CONDITIONS D'HYGIÈNE OUAF !

ZBAM

J'VAIS LE TUER !
ARRÊTEZ !
HÉ !
PAIX & AMOUR
PÉTASSE !

... HORMIS QUELQUES PETITS INCIDENTS, LA MANIFESTION ANNUELLE POUR LA PAIX S'EST DÉROULÉE COMME PRÉVU DANS LES...
... BEN L'ANNÉE PROCHAINE, J'Y VAIS AVEC UN BAZOOKA !

LA FÊTE
POUR LA FÊTE DE LA CLASSE, TOUT LE MONDE A PARTICIPÉ...
J'A FAIT UNE GUIRLANDE DE CHAUSSETTES !
HEU... TRÈS BIEN, RAMON ...
SNUF

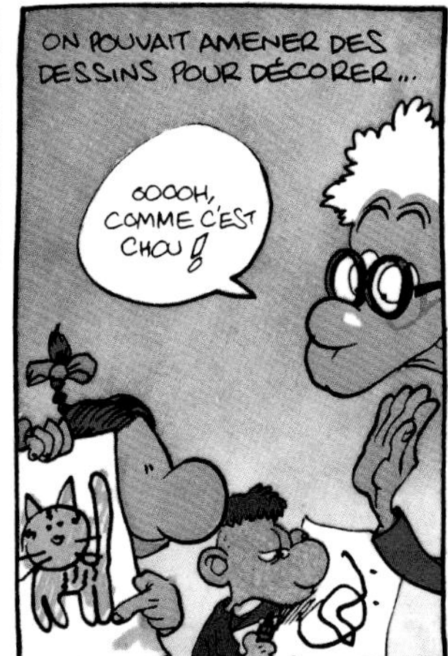
ON POUVAIT AMENER DES DESSINS POUR DÉCORER...
OOOOH, COMME C'EST CHOU !

DES POSTERS ...
HUGO !

FAIRE DES BRICOLAGES...
HÉ !
IL SE MOUCHE DANS MA GUIRLANDE !
BEN QUOI... C'EST DES MOUCHOIRS ...

WAAAH ! COOL ! TU ME LAISSES ESSAYER ?
NAN. F'EST MOI QUI FAIS.
PFFFF

ALLEZ, JUSTE UN COUP... J'ESSAIE AVEC UN DINOSAUR EN PLASTQU
T'AS PFFAS L'DROIT !!! F'EST MOI !!!

J'Y METS LE TUBE DANS LE CU
HÉÉÉÉ
TU TOUFFES PFAS !!!
PFFFF
CRAC

F'EST LUI, MAÎTREFFE !!
PSCHHHHHH

POUR FINIR, ON A FAIT LA FÊTE DANS LE PRÉAU...
HEU... C'EST DOMMAGE POUR LES GUIRLANDES
PFFFF
PFFF

L'ESPRIT DU JEU
BON... ALORS, QUESTION BRUNE : QUI A ÉCRIT LE CORBEAU ET LE RENARD ?
HEU...

MOI JE SAIS ! C'EST LA FONTAINE !!
ÇA Y EST ! JE LE SAVAIS !
UN POINT DE PLUS.

ÇA COMPTE PÔ ! C'ÉTAIT PAS À TOI DE RÉPONDRE !
ET PIS D'ABORD C'ÉTAIT DE LA FONTAINE !
COOL... C'EST QU'UN JEU.
PFFF

À TOI... QUESTION BLEUE... "LE NIL" ?
HEU ?
POF

MAIS C'EST PAS VRAI !? T'ES UN DÉBILE TOTAL !! TU AS LU LA RÉPONSE !!
AH TIENS ? OUAIS... ALORS... QUEL FLEUVE COULE EN ÉGYPTE ?
...

TU VIENS DE LE DIRE !!! C'EST LE NIL !!!
ÇA VA... LÂCHE-MOI LE SLIP... C'EST QU'UN JEU...

'TOUTES FAÇONS T'AS PAS DE POINT, MANU AVAIT DONNÉ LA RÉPONSE...
À MOI ... SIX !

ÇA COMPTE PÔ ! LE DÉ EST SORTI DU JEU !!
ÇA VA PAS ?
CALME-TOI...

J'SUIS TRÈS CALME, MAIS VOUS FAITES QUE TRICHER DEPUIS LE DÉBUT !!
MOI ? JE TRICHE ?
MOI JE TRICHE ?
J'AI FAIT SIX, C'EST TOUT.

TIENS ! AVANCE DE SIX !!!
ARRÊTE !
ON A PAS NOTÉ NOS PLACES !!
ZBAM

ALORS ? QUI A GAGNÉ ?
BÔH... TU SAIS, C'EST QU'UN JEU...

Z.

NADIA GUM

SI ! ELLE ME L'A DONNÉ !
C'EST DES CONNERIES !
QU'EST-CE QUE C'EST ?

IL DIT QUE C'EST UN CHEWING GUM MÂCHÉ PAR NADIA !
HÉ ! HÉ !
VÉRITAB'
WAAAA !

IL A ENCORE SON GOÛT... D'AILLEURS, JE LE LÈCHE...
MMMMM
SLURRP
Ā MOI !! Ā MOI !!!

DEUX BALLES POUR L'EMBRASSER !
CINQ.

POUR LE PRIX, JE LE MÂCHE AUSSI !
MMMMMM MMNADIA
CHUMP
CHOMP
CHUMP
Ā MOI !
Ā MOI !
MON TOUR

F'EST IFI ?
Ā LA QUEUE, COMME TOUT LE MONDE !
?
TOI, TU PEUX JUSTE LE REGARDER, VOMITO.
CHOMP
CHOMP

IL F'EST COINFÉ DANS MON APFAREIL !
FAIS GAFFE !
DRRiiiiiiiiiiinn
AÏE AÏE

VOTRE CAMARADE NADIA SERA ABSENTE TOUTE LA SEMAINE. ELLE EST CLOUÉE AU LIT AVEC UNE GRIPPE INTESTINALE...
OUAK
GLURB

Z. & BIBOPS

LE PÉRIL JEUNE
HUM... AHEM... TITEUF, ON A UNE GRANDE NOUVELLE À T'ANNONCER...
VAS-Y...
?

BON... VOILÀ... TA MAMAN EST ENCEINTE !
OUAK !

LES MECS !
MA MÈRE A LE BALLON !!
J'VAIS AVOIR UN P'TIT FRÈRE !
?
?

BEN JUSTEMENT, JE MONTRAIS LE GAMEBOY QUE J'AI PRÊTÉ À MON PETIT FRÈRE...
IL A FAIT 'GAME OVER' EN LE LANÇANT DU 6ÈME...

BEN MOI, MA PETIT FRÈRE, IL A DÉCOUPÉ MA ZONBLOU... IL TROUVAIT ÇA L'ÉTAIT PLUS JOULI...
ÇA SE DISCUTE...

Y'A PIRE ! SAMEDI DERNIER, J'AI DÛ ACCOMPAGNER LE MIEN AU CONCERT DE LUCIE JOLIE !
JE CHANTE AVEC LES OURSONS
WOARG
DUR

TOUT ÇA, C'EST RIEN ! MOI AUSSI, JE ME RÉJOUISSAIS D'AVOIR UN PETIT FRÈRE, J'AVAIS MÊME FAIT DE LA PLACE POUR PARTAGER MA CHAMBRE...

... BEN J'AI EU UNE PETITE SOEUR ! ET MA CHAMBRE, C'EST DEVENU BARBIE-LAND !!!
ARG
HORRIBLE

MAMAN ! MAMAN !
HEU... C'EST ENCORE POSSIB' D'ÉCHANGER CONTRE UN HAMSTER ?

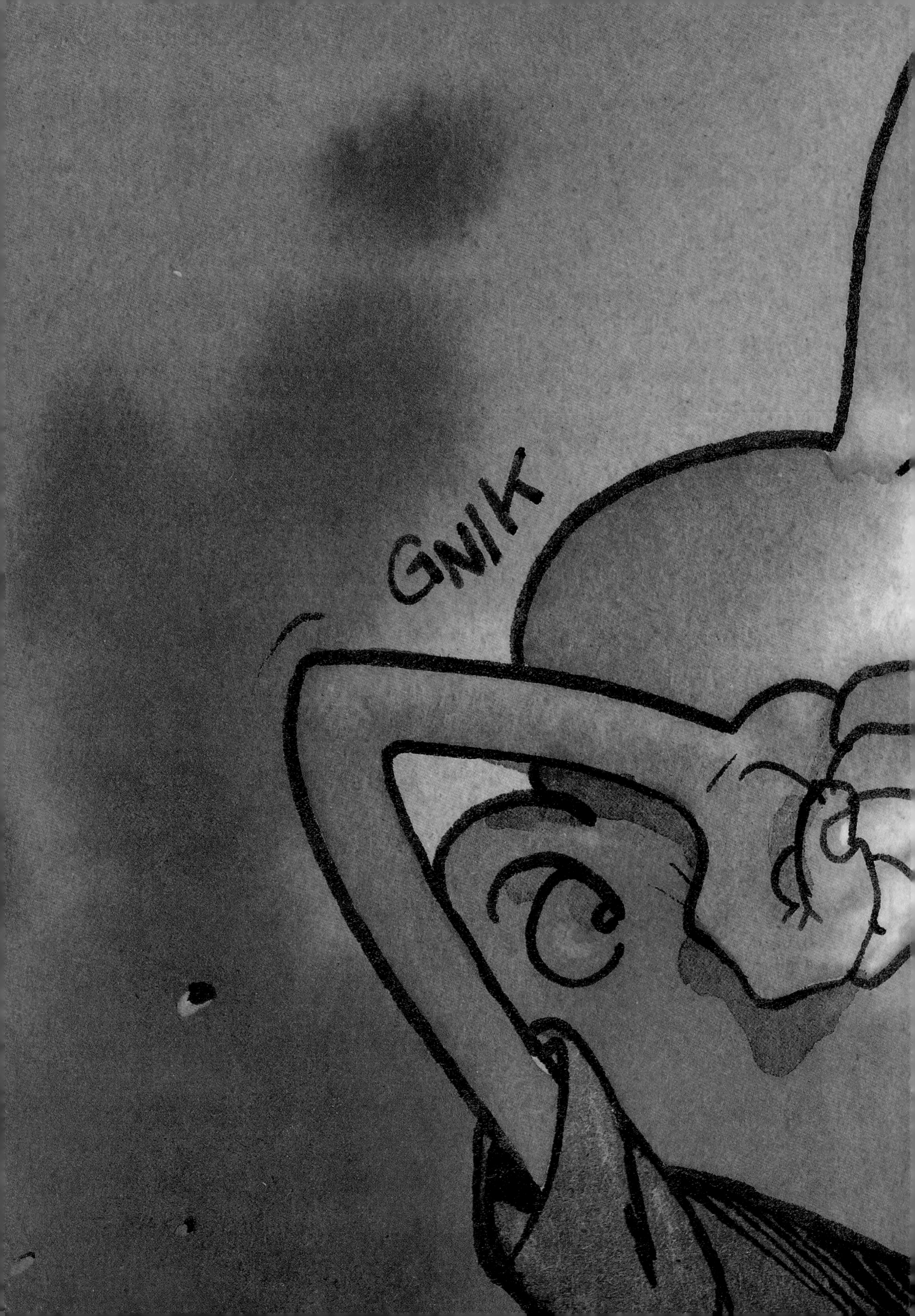
GNIK